Todos los libros de Linkgua Ediciones cuentan con modelos de Inteligencia Artificial entrenados por hispanistas. Pregúntale al chat de tu libro lo que desees acerca de la obra o su autor/a.

Para **ebooks**: Accede a nuestro modelo de IA a través de este enlace.

Para **libros impresos**: Escanea el código QR de la portada con tu dispositivo móvil.

Obtén análisis detallados de nuestros libros, resúmenes, respuestas a tus preguntas y accede a nuestras ediciones críticas generativas para una experiencia de lectura más enriquecedora.
La transparencia y el respeto hacia la autoría de las fuentes utilizadas son distintivos básicos de nuestro proyecto. Por ello, las respuestas ofrecen, mediante un sistema de citas, las fuentes con las que han sido elaboradas.

Autores varios

Proyecto de Constitución provisoria para el Estado de Chile

Barcelona 2024
Linkgua-ediciones.com

Créditos

Título original: Proyecto de Constitución provisoria para el Estado de Chile.

© 2024, Red ediciones S.L.

e-mail: info@Linkgua-ediciones.com

Diseño de cubierta: Michel Mallard.

ISBN rústica: 978-84-9953-947-8.
ISBN ebook: 978-84-9897-349-5.

Sumario

Brevísima presentación

Después de la Batalla de Chacabuco (1817) gobernaba Bernardo O'Higgins. Para asegurar su mandato, reunió a siete hombres que formaron una comisión y escribieron una Constitución Provisoria. Ahí se determinó que la nación de Chile puede establecer su gobierno y dictar sus propias leyes, y se reconoció oficialmente la separación de los tres poderes: el poder Ejecutivo (Director Supremo), el poder Legislativo (Senado) y el poder Judicial (Supremo Tribunal), muy similar a lo que hay en Chile actualmente. Esa Constitución fue aprobada en un plebiscito en 1818, pero votaron sólo personas que vivían entre Copiapó y Cauquenes.

La carta constitucional reglamentaba en su título los derechos y deberes del hombre en sociedad, la libertad, igualdad y derecho de propiedad, consagraba los principios sociales avanzados para la época desde el punto de vista político. Se consagra expresamente el principio de la soberanía nacional y del régimen representativo.

Proyecto de Constitución provisoria para el Estado de Chile[1]

Publicado el 10 de agosto de 1818, sancionado y jurado solemnemente el 23 de octubre del mismo

El Supremo Director de Chile:[2] La obligación de corresponder dignamente a la confianza de mis conciudadanos, que me colocaron en el supremo mando, y el deseo de promover de todos modos la felicidad general de Chile, me dictaron el decreto de 18 de mayo, en que nombré una comisión, compuesta de los sujetos más acreditados por su literatura y patriotismo, para que me presentasen un proyecto de Constitución provisoria, que rigiese hasta la reunión del Congreso Nacional. Yo hubiera celebrado con el mayor regocijo, el poder convocar a aquel cuerpo constituyente, en vez de dar la comisión referida; pero no permitiéndolo las circunstancias actuales, me vi precisado a conformarme con hacer el bien posible. Un Congreso Nacional no puede componerse sino de los diputados de todos los pueblos, y por ahora sería un delirio mandar a aquellos pueblos que eligiesen sus diputados, cuando aún se halla la provincia de Penco, que tiene la mitad de la población de Chile, bajo el influjo de los enemigos. La nulidad sería el carácter más notable de aquel cuerpo constituyente, que se formase sobre un cimiento de agravios inferidos a la mitad de la nación. La rivalidad de las provincias se seguiría por único resultado de las sesiones

---

1   Luis Valencia Avaria (comp.), «Proyecto de Constitución provisoria para el Estado de Chile», *Anales de la república, textos constitucionales de Chile y registro de los ciudadanos que han integrado los Poderes Ejecutivo y Legislativo desde 1810*, Santiago, Imprenta Universitaria, 1951, tomo I, pags. 52-69.

2   Cargo desempeñado por entonces por Bernardo O'Higgins Riquelme.

del Congreso. El desorden, en fin, y la guerra civil, tal vez, serían los frutos de una congregación extemporánea. Todavía tenemos a nuestra vista los fatales resultados de la división que engendró entre las provincias el Congreso anterior, a pesar de que sus vocales fueron nombrados en medio de una paz deliciosa.

Mi objeto en la formación de este proyecto de Constitución provisoria, no ha sido el de presentarla a los pueblos como una ley constitucional, sino como un proyecto, que debe ser aprobado o rechazado por la voluntad general. Si la pluralidad de los votos de los chilenos libres lo quisiese, este proyecto se guardará como una Constitución provisoria; y si aquella pluralidad fuese contraria, no tendrá la Constitución valor alguno. Jamás se dirá de Chile, que al formar las bases de su Gobierno, rompió los justos límites de la equidad; que puso sus cimientos sobre la injusticia; ni que se procuró constituir sobre los agravios de una mitad de sus habitantes.

No apruebo el método de la sanción propuesta en la advertencia de este proyecto, porque ninguna corporación, ni tribunal ni Jefe del Estado, ha recibido hasta ahora del pueblo el derecho de representarle; antes bien, estando todos ellos empleados en servicio público, deben considerarse como unas partes más pasivas que activas, en el caso presente. Yo deseo examinar la voluntad general sobre el negocio que más interesa a la nación; y para ello es necesario saber distintamente la voluntad de cada uno de los habitantes. Por tanto, y para acertar con el medio más pronto, más liberal y más justo, de consultar los votos de todos los pueblos libres del Estado, sobre si ha de regir o no la presente Constitución provisoria, se observará el reglamento siguiente:

Artículo 1. Después de impreso el Proyecto, se publicará por bando en todas las ciudades, villas y pueblos del Estado.

Artículo 2. En los cuatro días siguientes a la publicación, se recibirán las suscripciones de los habitantes en dos libros distintos, de los cuales uno llevará por epígrafe: Libro de suscripciones en favor del proyecto constitucional; y el otro, Libro de suscripciones contra el proyecto constitucional. En el primero firmarán los que quieran ser regidos por esta Constitución provisoria, y en el segundo, los que no.

Artículo 3. En todas las parroquias de todas las poblaciones habrá un libro de cada clase de las dos expresadas, en donde concurrirán a suscribirse los vecinos del pueblo, en presencia del cura, del juez del barrio y del escribano, si lo hubiese.

Artículo 4. Donde no hubiese escribano, hará sus funciones un vecino nombrado para el efecto por el cura y el juez, que deberán presenciar la suscripción.

Artículo 5. Serán hábiles para suscribir todos los habitantes, que sean padres de familia o que tengan algún capital, o que ejerzan algún oficio, y que no se hallen con causa pendiente de infidencia o de sedición. Serán inhabilitados todos aquellos que procuren seducir a otros, haciendo partidos, o tratando de violentar o de dividir la voluntad de los otros.

Artículo 6. Después de pasados los días señalados para la suscripción, se publicará en cada ciudad, villa o pueblo el resultado de ella, y se me dará cuenta por el conducto del Ministerio de Estado en el departamento de gobierno, acompañando los libros originales para archivarlos, después de haber dejado en cada parroquia, en poder del cura, una copia de ellos.

Artículo 7. La publicación del bando de que se habla en el artículo 1, se hará al día siguiente de recibirse en el pueblo el proyecto constitucional, y al quinto día de aquella publicación, se deberá remitir el resultado, por extraordinario, a esta capital, conforme se previene en el artículo anterior.

Artículo 8. Si el mayor número de suscriptores fuese contrario al proyecto, quedará sin valor alguno. Si fuese en favor de él, lo aceptaré como una Constitución provisoria, y entonces tendrá lugar el juramento de que se hace mención en la advertencia puesta al fin del proyecto.

Artículo 9. Para el caso de ser sancionada esta Constitución provisoria por la voluntad general, y deseando que también lo sea el nombramiento del Senado, elijo condicionalmente por senadores al gobernador del Obispado de Santiago don José Ignacio Cienfuegos, al gobernador intendente de esta capital don Francisco de Borja Fontecilla, al decano del Tribunal de Apelaciones don Francisco Antonio Pérez, a don Juan Agustín Alcalde y a don José María Rozas; por suplentes, a don Martín Calvo Encalada, a don Javier Errázuriz, a don Agustín Eyzaguirre, a don Joaquín Gandarillas y a don Joaquín Larraín.

Imprímase a la cabeza del proyecto constitucional, para que, publicándose por bando en todas las ciudades, villas y pueblos del Estado, surta los efectos convenientes — Dado en el Palacio Directorial de Santiago de Chile, a 10 días del mes de agosto del año de 1818 — Bernardo O'Higgins — Antonio José de Irisarri EN EL NOMBRE DE DIOS OMNIPOTENTE, CREADOR Y SUPREMO LEGISLADOR

Título I. De los derechos y deberes del hombre en sociedad

Capítulo I. De los derechos del hombre en sociedad

Artículo 1. Los hombres por su naturaleza gozan de un derecho inajenable e inamisible a su seguridad individual, honra, hacienda, libertad e igualdad civil.

Artículo 2. Ninguno debe ser castigado o desterrado, sin que sea oído y legalmente convencido de algún delito contra el cuerpo social.

Artículo 3. Todo hombre se reputa inocente, hasta que legalmente sea declarado culpado.

Artículo 4. El hombre que afianza la existencia de su persona y bienes, a satisfacción del juez, con una seguridad suficiente, no debe ser preso ni embargado, a no ser que sea por delito que merezca pena aflictiva.

Artículo 5. La casa y papeles de cada individuo son sagrados, y esta ley solo podrá suspenderse en los casos urgentes en que lo acuerde el Senado.

Artículo 6. Un juez que mortifica a un preso más de lo que exige su seguridad y entorpece la breve conclusión de su causa es un delincuente, como igualmente los magistrados que no cuidan del aseo de las cárceles, alimento y el alivio de los presos.

Artículo 7. Ninguno puede ser vulnerado en su honra y buena opinión, que haya adquirido con la rectitud de sus procedimientos.

Artículo 8. Solo será castigado con la pena infame de azotes, el que por la repetición o publicidad de sus delitos, haya perdido la honra, y el juez que esto no observe será responsable.

Artículo 9. No puede el Estado privar a persona alguna de la propiedad y libre uso de sus bienes, si no lo exige la defensa de la patria, y aun en ese caso, con la indispensable condición de un rateo proporcionado a las facultades de cada individuo, y nunca con tropelías e insultos.

Artículo 10. A ninguno se le puede privar de la libertad civil, que consiste en hacer todo lo que no daña a la religión, sociedad o a sus individuos, y en fijar su residencia en la parte que sea de su agrado, dentro o fuera del Estado.

Artículo 11. Todo hombre tiene libertad para publicar sus ideas y examinar los objetos que están a su alcance, con tal que no ofenda a los derechos particulares de los individuos de la sociedad, a la tranquilidad pública y Constitución del Estado, conservación de la religión cristiana, pureza de su moral y sagrados dogmas; y en su consecuencia, se debe permitir la libertad de imprenta, conforme al reglamento que para ello formará el Senado o Congreso.

Artículo 12. Subsistirá en todo vigor la declaración de los vientres libres de las esclavas, dada por el Congreso, y gozarán de ella todos los de esta clase nacidos desde su promulgación.

Artículo 13. Todo individuo de la sociedad tiene incontestable derecho a ser garantido en el goce de su tranquilidad y felicidad por el Director Supremo y demás funcionarios públicos del Estado, quienes están esencialmente obligados a aliviar la miseria de los desgraciados y proporcionarles a todos los caminos de la prosperidad.

Artículo 14. No hay pena trascendental para el que no concurrió al delito.

Artículo 15. Es injusta la pena dirigida a aumentar la sensibilidad y dolor físico.

Artículo 16. Deben evitarse las penas de efusión de sangre en cuanto lo permita la seguridad pública.

Artículo 17. Todo juez puede ser recusado con arreglo a las leyes.

Capítulo II. De los deberes del hombre social

Artículo 1. Todo hombre en sociedad, para afianzar sus derechos y fortuna, debe una completa sumisión a la Constitución del Estado, sus estatutos y leyes, haciendo lo que ellos prescriben, y huyendo de lo que prohíben.

Artículo 2. Debe obedecer, honrar y respetar a todos los magistrados y funcionarios públicos, como ministros de la ley y primeros ciudadanos.

Artículo 3. Debe igualmente ayudar con alguna porción de sus bienes para los gastos ordinarios del Estado; y en sus necesidades extraordinarias y peligros, debe sacrificar lo más estimable por conservar su existencia y libertad.

Artículo 4. Está obligado a dirigir sus acciones respecto de los demás hombres, por aquel principio moral: No hagas a otro lo que no quieres hagan contigo.

Artículo 5. Todo individuo que se gloríe de verdadero patriota, debe llenar las obligaciones que tiene para con Dios y los hombres, siendo virtuoso, honrado, benéfico, buen padre de familia, buen hijo, buen amigo, buen soldado, obediente a la ley y funcionario fiel, desinteresado y celoso.

Título II. De la religión del Estado

Capítulo único

La religión católica, apostólica, romana es la única y exclusiva del Estado de Chile. Su protección, conservación, pureza e inviolabilidad, será uno de los primeros deberes de los jefes de la sociedad, que no permitirán jamás otro culto público ni doctrina contraria a la de Jesucristo.

Título III. De la potestad legislativa

Capítulo I
Artículo Único. Perteneciendo a la nación chilena reunida en sociedad, por un derecho natural e inamisible, la soberanía o facultad para instalar su Gobierno y dictar las leyes que le han de regir, lo deberá hacer por medio de sus diputados reunidos en Congreso; y no pudiendo esto verificarse con la brevedad que se desea, un Senado sustituirá, en vez de leyes, reglamentos provisionales en la forma que más convenga para los objetos necesarios y urgentes.

Capítulo II. De la elección, número y cualidad de los senadores
Artículo 1. El Supremo Director, con arreglo a lo que se previene en el artículo 8 de este capítulo, elegirá los vocales del Senado, que serán cinco, y uno de ellos Presidente, turnando por cuatrimestres.
Artículo 2. Se nombrarán también cinco suplentes, elegidos en la misma forma, para que por el orden de sus nombramientos entren a ejercer el cargo de los propietarios en ausencia, enfermedades u otro cualquier impedimento.
Artículo 3. Los vocales del Senado gozarán del sueldo anual de dos mil pesos, y si obtuvieren algún otro de igual cantidad por empleo público, en servicio de la nación, elegirán el que les convenga, y si fuere menor, recibirán el aumento hasta llenar la cuota designada.
Artículo 4. Habrá un secretario con voto consultivo, y un portero, elegidos por el Senado, con la dotación que acordase

con el Director, la que se pagará de los fondos del Estado, como asimismo los gastos de la oficina, con arreglo a las razones que pasarán firmadas por el Presidente y secretario.

Artículo 5. El Senado tendrá tratamiento de Excelencia; los senadores serán inviolables; sus causas serán juzgadas por una comisión, que con este objeto nombrará dicho Senado.

Artículo 6. Sus sesiones serán dos veces en cada semana, en los días que acordasen, siendo privativo del Presidente señalar las horas de entrada y salida.

Artículo 7. También será facultativo al Presidente convocar a sesiones extraordinarias, en los días y horas que las circunstancias ocurrentes lo exijan, o porque lo pida alguno de los vocales con causa.

Artículo 8. Los senadores deberán ser ciudadanos mayores de treinta años, de acendrado patriotismo, de integridad, prudencia, sigilo, amor a la justicia y bien público. No podrán serlo los secretarios de Gobierno, ni sus dependientes, ni los que inmediatamente administran intereses del Estado.

Capítulo III. Atribuciones del Senado

Artículo 1. El instituto del Senado es esencialmente celar puntual observancia de esta Constitución.

Artículo 2. La infracción de la Constitución por algún cuerpo o ciudadano, será reclamada por el Senado al Director Supremo, quien deberá atenderla bajo su responsabilidad.

Artículo 3. En todas las ciudades y villas del Estado habrá un censor elegido por su respectivo Cabildo, y con asiento después de los alcaldes, el que en toda aquella jurisdicción cuidará como el Senado en todo el Estado, de la observancia de esta Constitución, conforme a los dos artículos anteriores; y en las transgresiones que notase, así en los funcionarios del pueblo como del campo, oficiará por primera y segunda vez al gobernador o teniente para su remedio, y en caso que éstos no lo hagan eficazmente, dará parte al Senado.

Artículo 4. Sin el acuerdo del Senado a pluralidad de votos, no se podrán resolver los grandes negocios del Estado, como imponer contribuciones, pedir empréstitos, declarar la guerra, hacer la paz, formar tratados de alianza, comercio, neutralidad; mandar embajadores, cónsules, diputados o enviados a potencias extranjeras; levantar nuevas tropas o mandarlas fuera del Estado, emprender obras públicas y crear nuevas autoridades o empleos.

Artículo 5. Estará autorizado el Senado para limitar, añadir y enmendar esta Constitución provisoria, según lo exijan las circunstancias.

Artículo 6. Toda nueva ley o reglamento provisional que haga el Senado; toda abolición de las leyes incompatibles, con nuestra independencia: toda reforma o nuevo establecimiento en los diferentes cuerpos, institutos, departamentos y oficinas del Estado, como también las adiciones y correcciones de los reglamentos que han regido y rigen, se consultarán, antes de publicarlos, con el Supremo Director, quien en el término de ocho días, a más tardar, deberá expresar su consentimiento o disenso para su publicación, exponiendo oficialmente al Senado las razones fundamentales de su oposición. En el caso de aprobación, se publicará inmediatamente el nuevo reglamento, adición, etc., en la forma siguiente: El Excmo. Supremo Director del Estado de Chile, de acuerdo con el Excmo. Senado. En el de disenso renovará el Senado, si lo tuviese por conveniente, la presentación del nuevo reglamento, adición, etc., al Director Supremo, con las razones que desvanezcan la oposición; y si éste disiente, en el mismo término se reverá el proyecto por el Senado, el que, si presentado la tercera vez fuere repulsado, se publicará en la forma siguiente: El Excmo. Supremo Director del Estado, habiendo recibido del Excmo. Senado la resolución siguiente.

Artículo 7. En los casos particulares que ocurran sobre la inteligencia de lo ya establecido o que nuevamente se estableciese, o defecto de prevención en cualquier estatuto, reglamento, etc., que el Senado diese, resolverá él por sí solo las dudas, sin las consultas de que habla el artículo antecedente.

Artículo 8. Tendrá el Senado especialísimo cuidado de fomentar en la capital y en todas las ciudades y villas, el establecimiento de escuelas públicas e institutos o colegios, donde sea formado el espíritu de la juventud por los principios de la religión y de las ciencias.

Artículo 9. Deberá nombrar una comisión, compuesta de uno de sus vocales y dos individuos del Tribunal de Apelaciones, para que con toda integridad y la brevedad posible, tomen residencia a todos los empleados del Estado, que por delito o sin él terminan la carrera de sus funciones políticas.

Artículo 10. Será privativo del Senado, cuando juzgue oportuno indicar el tiempo y señalar el día, la apertura del Congreso; y formará el reglamento para la elección de diputados.

Artículo 11. Por muerte, renuncia o delito probado en juicio legal de alguno de los vocales del Senado, pertenecerá a éste elegir el sucesor a pluralidad de votos, el que deberá ser del número de los suplentes, si algunas graves circunstancias no exigen lo contrario.

Artículo 12. Si discordasen en igualdad de votos los cuatro restantes miembros del Senado, se decidirá por el Director Supremo.

Título IV. Del Poder ejecutivo

Capítulo I. De la elección y facultades del Poder ejecutivo

Artículo 1. El Supremo Director del Estado ejercerá el Poder Ejecutivo en todo su territorio. Su elección ya está verificada, según las circunstancias que han ocurrido; pero en lo sucesivo se deberá hacer sobre el libre consentimiento de las provincias, conforme al reglamento que para ello formará la potestad legislativa.

Artículo 2. Recaerá 1.ª elección precisamente en ciudadano chileno de verdadero patriotismo, integridad, talento, desinterés, opinión pública y buenas costumbres.

Artículo 3. El sueldo del Director Supremo será el que actualmente goza. Será facultativo al Senado aumentarlo o disminuirlo oportunamente; pero no gozará algún otro emolumento ni derecho.

Artículo 4. Su tratamiento será el de Excelencia: sus honores los de Capitán General de Ejército, conforme a las ordenanzas militares, guardándose en las concurrencias públicas el ceremonial que deberá formar el Senado o Congreso.

Artículo 5. El mando y organización de los Ejércitos, Armada y Milicias, el sosiego público y la recaudación, economía y arreglada inversión de los fondos nacionales, son otras tantas atribuciones de su autoridad.

Artículo 6. Nombrará los embajadores, cónsules, diputados o enviados para las naciones y potencias extranjeras, con acuerdo del Senado sobre la necesidad, o conveniencia de su misión, como se previene en el Título III, Capítulo III, artículo 4 de esta Constitución; pero la elección de las personas será privativa del Director, el que igualmente recibirá todos los que de esta clase viniesen a este Estado.

Artículo 7. Podrá con éstos, por sí solo y su respectivo secretario, y por el órgano de sus embajadores, diputados, etc., en las potencias extranjeras entablar y seguir negociaciones, tener sesiones, hacer estipulaciones preliminares sobre tratados de treguas, paz, alianza, comercio, neutralidad y otras convenciones; pero para la conclusión y resolución, deberá acordar con el Senado, como se ha dicho en el Título III, Capítulo III, artículo 4 de esta Constitución.

Artículo 8. Procurará mantener la más estrecha alianza con el Gobierno Supremo de las Provincias Unidas del Río de la Plata, a que concurrirá eficazmente el Senado por la importancia de nuestra recíproca unión.

Artículo 9. Cuidará del fomento de la población, del de la agricultura, industria, comercio y minería, arreglo de correos, postas y caminos.

Artículo 10. Es privativo del Supremo Poder Ejecutivo el nombramiento de los secretarios de Estado, de Gobierno, Hacienda y Guerra, quien será responsable del nombramiento, como éstos de sus respectivos empleos.

Artículo 11. La provisión de empleos de cualquiera ramo que sean, y que no estén exceptuados en esta Constitución provisoria, la hará a propuesta de los respectivos jefes del cuerpo a que correspondan, por escala de antigüedad y servicios, publicándose dicha propuesta en la oficina o departamento, ocho días antes de remitirla al Director; quedando así a los agraviados franco el recurso de sus derechos a la autoridad que corresponda, y se deberá expresar en el despacho o nombramiento la indispensable calidad de propuesta, sin la cual no se tomará razón en el Tribunal de Cuentas y oficinas, ni se acudirá con el sueldo al que de otro modo fuere provisto; y en el caso que alguno justamente deba ser postergado, lo significará el jefe en su propuesta.

Artículo 12. Los colegas y demás funcionarios públicos, que deban tener la calidad de letrados, serán nombrados por el

Director a propuesta en terna, que harán las respectivas Cámaras de Apelaciones.

Artículo 13. La duración de todo empleo, a no ser de los exceptuados en esta Constitución, será la de su buena comportación, y deberá ser removido, siendo inepto o delincuente con causa probada y audiencia suya.

Artículo 14. Los recursos de esta naturaleza y los de que habla el artículo 11 de este capítulo, se harán por los interesados a la junta compuesta del Presidente del Tribunal de Apelaciones, con el contador mayor, ministro más antiguo del erario y el fiscal, quedando concluida con la determinación de esta junta toda instancia, sin más recurso, y procediéndose en ello sumariamente.

Artículo 15. Esta misma junta conocerá en grado de apelación, los pleitos sobre contrabandos y demás ramos de hacienda, observando en la sustanciación, la disposición de las leyes no revocadas.

Artículo 16. Tendrá el Director especial cuidado de extinguir las divisiones intestinas, que arruinan los Estados, y fomentar la unión que los hace impenetrables y felices.

Artículo 17. Cuidará con especialidad de mantener el crédito de los fondos del Estado, consultando eficazmente su recaudación y el que se paguen con fidelidad las deudas en cuanto lo permitan la existencia de caudales y atenciones públicas.

Artículo 18. Hará pasar al Senado cada mes una razón prolija, que demuestre por clases y ramos los ingresos, las inversiones y existencias de dichos fondos.

Artículo 19. Teniendo el Director la superintendencia general de todos los ramos y caudales del Estado, de cualquiera clase y naturaleza que sean, se arreglará por ahora a las disposiciones y ordenanzas que actualmente rigen.

Artículo 20. Las causas contenciosas de cualquiera clase que sean, las remitirá a los Tribunales de Justicia a que correspondan; pero las sentencias contra el fisco no serán ejecutadas sin mandato expreso del Director.

Artículo 21. Podrá confirmar o revocar con arreglo a ordenanza, en último grado, las sentencias dadas contra los militares en los Consejos de Guerra.

Artículo 22. Tendrá facultad de suspender las ejecuciones capitales ordenadas, y conceder perdón o conmutación de pena.

Artículo 23. En caso de renuncia o muerte, entrará a reemplazar su lugar, hasta la celebración del Congreso, el que inmediatamente nombrará el Senado.

Artículo 24. En el de ausencia de la capital, por más de ocho días (lo que nunca podrá hacer sin acuerdo del Senado), enfermedad u otro impedimento legítimo, que le embarace el desempeño de sus deberes y despacho de los negocios públicos, hará sus veces para lo diario y urgente el gobernador intendente, sin más distinciones de las que corresponden a su empleo. Pero si saliese del Estado, reemplazará su lugar, durante su ausencia, el que el Director nombre de acuerdo con el Senado.

Capítulo II. Límites del Poder ejecutivo

Artículo 1. No podrá intervenir en negocio alguno judicial, civil o criminal contra persona alguna de cualquiera clase o condición que sea, ni por vía de apelación, ni alterar el sistema de administración de justicia, ni entender en los recursos de fuerza, que serán peculiares al Tribunal de Apelaciones.

Artículo 2. Cuando la urgencia del caso obligue a arrestar alguna persona, deberá ponerla dentro de veinticuatro horas a disposición de los respectivos magistrados de justicia, con toda la independencia que corresponde al Poder Judicial, pasándoles los motivos para su juzgamiento.

Artículo 3. No presentará para las raciones, canonjías o prebendas, sino aquellas personas que hayan servido ejemplarmente, por lo menos seis años, en algún curato del Estado, precediendo el informe del diocesano, cabildo eclesiástico, y demás personas que juzgue oportuno; y los ascensos en los cabildos eclesiásticos, se proveerán por la escala de antigüedad y servicio. Pero si concurriesen algunas graves circunstancias o conveniencias de Estado, podrá el Director presentar para las vacantes y ascensos sin aquellos requisitos.

Artículo 4. No podrá dar empleo alguno político, ni presentar para algún beneficio eclesiástico, sino a los ciudadanos chilenos residentes en el Estado.

Artículo 5. Si las circunstancias políticas, méritos contraídos en el Estado, relaciones extranjeras, cualidades recomendables de ciencia, etc., exigiesen colocar en algunos empleos de los referidos en el artículo anterior, a los que no fueren ciudadanos chilenos, o que aun siéndolo se duda de su opinión política, podrá hacerlo con acuerdo del Senado.

Artículo 6. No expedirá orden ni comunicación alguna, sin que sea suscrita del respectivo secretario del departamento a que corresponde el negocio, so cargo de que no deberán ser obedecidas.

Artículo 7. No podrá variar las ordenanzas que han regido y rigen en los cuerpos, departamentos y oficinas de todos los ramos del Estado. Si los jefes de ellos, enseñados por la experiencia, estuviesen plenamente convencidos de la necesidad de alguna reforma, ocurrirán al Senado, el que no innovará cosa alguna, si no tiene pleno conocimiento de la necesidad del remedio; y en este caso procederá conforme a lo prevenido en el Título III, Capítulo III, artículo 6.

Artículo 8. No podrá en ningún caso por sí solo interceptar la correspondencia epistolar de los ciudadanos, que debe respetarse como sagrada; y cuando por la salud general y bien del Estado, fuese preciso la apertura de alguna correspondencia, lo verificará a presencia del fiscal, procurador general de la ciudad y administrador de correos, los que deberán hacer juramento de secreto.

Capítulo III. De los departamentos o secretarías del Poder ejecutivo

Artículo 1. Los tres ministros o secretarios de Estado, Hacienda y Guerra, entenderán en todos los negocios relativos a sus destinos con aquella fidelidad, integridad y prudencia, que exige el bien de la sociedad y el honor del Director.

Artículo 2. No podrán por sí solos en ningún caso, dictar providencia alguna sin previo mandato y anuencia del Director, y cuantas órdenes comunicasen por escrito a su nombre a las corporaciones, magistrados, oficinas o individuos particulares, quedarán estampadas en el libro de acuerdos, y autorizadas en él con la rúbrica de aquél.

Artículo 3. Ninguno de los secretarios podrá autorizar órdenes, decretos o providencias, contrarias a esta Constitución provisoria, so cargo de infidelidad al Estado y responsabilidad.

Artículo 4. Serán amovibles a voluntad del Director, como igualmente los oficiales de las Secretarías; pero esta separación no inferirá nota a sus personas, no siendo por delito probado en juicio formal; y deberán los separados ser atendidos para otros destinos conforme a su capacidad y méritos.

Capítulo IV. De los gobernadores de provincia y sus tenientes

Artículo 1. El Estado de Chile se halla dividido por ahora en tres provincias: la capital, Concepción y Coquimbo.

Artículo 2. La jurisdicción de cada gobernador intendente es extensiva a todo su distrito, y sus tenientes gobernadores deben sujetarse a éstos como a sus inmediatos jefes, en materias de Gobierno, y que se dirigen a la seguridad, bien y felicidad del Estado.

Artículo 3. Los gobernadores intendentes y sus tenientes son unos jueces ordinarios, a cuyo conocimiento pertenecen los negocios contenciosos, y deberán dirigirse por el código respectivo, en lo que no se oponga a esta Constitución, ni al sistema establecido; pues en este caso se consultará con el Senado.

Artículo 4. Será privativo de los gobernadores intendentes el conocimiento de las causas de policía y Hacienda, que resolverán en primera instancia.

Artículo 5. Propondrán al Director Supremo un asesor y secretario para el Despacho.

Artículo 6. Quedará el asesor sujeto a residencia, como los gobernadores y tenientes, conforme a lo prevenido en el Título III, Capítulo III, **Artículo 9** de esta Constitución.

Artículo 7. Las apelaciones de las intendencias en causas contenciosas de policía, se dirigirán a la Cámara de Justicia; y en las de Hacienda a la Junta Superior, sin que en caso alguno, puedan ocurrir al Director en negocios de justicia.

Artículo 8. Aunque los tenientes gobernadores son subalternos de los intendentes de provincia, no por eso pueden éstos conocer en los agravios que aquéllos hagan en su administración, y debe toda especie de recursos contenciosos dirigirse a la Cámara de Apelaciones.

Artículo 9. A los tenientes gobernadores corresponde el nombramiento de los jueces diputados de su partido, y observarán escrupulosamente la conducta de éstos y sus celadores, a fin de hacerlos cumplir con sus deberes, y que no sean oprimidos los pobres, cuya indigencia exige con preferencia la protección de los Gobiernos.

Artículo 10. Deberán observar la mejor armonía con los párrocos y jueces eclesiásticos, auxiliándolos y protegiéndolos según lo exijan las circunstancias.

Capítulo V. De la elección de los subalternos del Poder ejecutivo

Artículo 1. La capital y todas las ciudades y villas del Estado, luego que el Senado de acuerdo con el Director lo tengan por conveniente, harán la elección de sus gobernadores, tenientes y cabildos, conforme al reglamento que para este efecto deberá metodizar el Senado.

Artículo 2. Los gobernadores militares de Valparaíso, Talcahuano y Valdivia, serán elegidos por el Director, y durarán igualmente tres años en sus empleos.

Capítulo VI. De los cabildos

Artículo 1. Los gobernadores y tenientes tratarán a los cabildos con la atención debida. Ninguno de sus individuos podrá ser arrestado o preso, sino por orden expresa del Supremo Director, quien solo la podrá librar en materias de Estado, y en las de justicia la Cámara o Tribunal de Apelaciones; pero si la naturaleza de la causa exigiese un pronto remedio, se le arrestará por la autoridad competente en lugar decente y seguro, y avisará inmediatamente al Director.

Artículo 2. Los cabildos deberán fomentar el adelantamiento de la población, industria, educación de la juventud, hospicios, hospitales y cuanto sea interesante al beneficio público.

Artículo 3. Será privativa de ellos la recaudación y depósito de los propios de las ciudades y villas, que se deberán invertir en beneficio público, conforme a las necesidades ocurrentes y reglamentos que actualmente rigen; y en el caso que la utilidad común exija nuevos gastos en obras públicas, informarán al Supremo Gobierno, donde reside la superintendencia.

Artículo 4. Corresponderá también a los cabildos la policía urbana, de que queda exonerado el juez subalterno de alta policía.

Artículo 5. El cabildo de la capital elegirá asesor y secretario del cuerpo, que podrán ser confirmados, o no, por el Director.

Artículo 6. Elegirán asimismo dos asesores letrados, uno para cada alcalde ordinario, con quinientos pesos de sueldo, que se pagarán de los propios de la ciudad.

Artículo 7. Éstos asistirán diariamente al juzgado en las horas de despacho, a oír y dar dictamen en los juicios verbales, asistir a la formación de las causas criminales, y dictar providencias en los negocios contenciosos por escrito, sin exigir de las partes derechos de asesoría.

Artículo 8. Si alguno de estos asesores fuese recusado, entrará el otro en su lugar, y si éste lo fuese igualmente, pagará el recusante, íntegros los derechos del que fuese nombrado.

Artículo 9. En caso de impedimento legal de los asesores, satisfarán ambos al que el juez eligiere.

Artículo 10. En cada elección de nuevo cabildo, se hará igualmente la de estos asesores, pero no habrá impedimento para que sean reelegidos, si su buena comportación y crédito los hiciese acreedores a ello.

Artículo 11. Tendrán los asesores asiento en cabildo después de él, y su voto informativo en aquellos acuerdos a que fuesen llamados.

Título V. De la autoridad judicial

Capítulo I. De la esencia y atribuciones de esta autoridad

Artículo 1. Reside la autoridad judicial en el Supremo Tribunal Judiciario, que se deberá formar en la actual Cámara de Apelaciones, y en todos los juzgados subalternos que se hallan establecidos en el Estado y estableciera el Congreso Nacional.

Artículo 2. Integridad, amor a la justicia, desinterés, literatura y prudencia deben ser las cualidades características de los miembros del Poder Judicial, quienes ínterin se verifica la reunión del Congreso, juzgarán todas las causas por las leyes, cédulas y pragmáticas que hasta aquí han regido, a excepción de las que pugnan con el actual sistema liberal de gobierno. En este caso consultarán con el Senado, que proveerá de remedio.

Capítulo II. Del Supremo tribunal judiciario

Artículo 1. Se compondrá el Supremo Tribunal Judiciario de cinco ministros, de los cuales uno será Presidente, y el fiscal lo será el del crimen de la Cámara, que no puede tener impedimento legal en los recursos que allí se eleven.

Artículo 2. Los relatores y porteros de la Cámara, como sus escribanos, lo serán igualmente de este Tribunal.

Artículo 3. El nombramiento de los individuos que han de componer este Tribunal, corresponde al Director del Estado en su creación, y en vacantes ha de preceder propuesta en terna del cuerpo, en la que la colocación numeral no arguye preferencia.

Artículo 4. Deberá en los propuestos ser atendida la mayor idoneidad, mérito y antigüedad; sin que pueda obtener lugar quien no sea abogado recibido, y hubiere ejercido su oficio el término de seis años.

Artículo 5.[3] **Artículo 6.** El tratamiento de este cuerpo será el de Excelencia.

Artículo 7. Su duración será conforme a lo dispuesto en el artículo 13, capítulo I, título IV de esta Constitución. Las causas de sus miembros serán juzgadas por una comisión nombrada para el efecto por el Tribunal.

Artículo 8. La familia del que no fuere depuesto con causa, gozará del montepío establecido en esta clase de empleados.

Artículo 9. El ejercicio de este Tribunal será conocer en los recursos de segunda suplicación y otros extraordinarios, que se interpongan legalmente de las sentencias de la Cámara de Apelaciones y Tribunales de Hacienda, alzadas de Minería y Consulado.

Artículo 10. Queda abolido el reglamento hecho para estos recursos; y se observará, ínterin por el Congreso Nacional se forma un nuevo reglamento, lo dispuesto por las leyes que hasta esta época rigen, a excepción, que por el fácil adito de estos recursos, deberá en todos remitirse el proceso original sin precedente compulsa, y en ninguno ejecutarse las sentencias antes que sean confirmadas por este Supremo Tribunal.

Artículo 11. Antes de su instalación, podrá suplirse su falta elevándose los recursos de los Tribunales de Alzadas de Mi-

---

3   El artículo 5 del Capítulo II no se reproduce en el original. (N. de B. A.) **Artículo 13.** La comisión, antes de instalarse el Tribunal, concluido el acto del juzgamiento quedará disuelta; y la parte recurrente, en caso de no obtener, satisfará a cada uno de los jueces nombrados, que no fuere de los rentados, los derechos establecidos para los asesores, y por mitad entre ambos litigantes, cuando la sentencia alzada se varíe.

nería y Consulado, a la Cámara de Apelaciones, y los de ésta al Supremo Director; y para su resolución serán Jueces los asesores del Consulado y Minería, el letrado o letrados, que ocuparen los Ministerios del Supremo Gobierno, y los demás que eligiese éste hasta el número de cinco.

Artículo 12. Las sentencias de este Supremo Tribunal irán suscritas en primer lugar por el Director, y ejecutadas sin recurso de gracia ni de justicia.

Capítulo III. De La Cámara de apelaciones

Artículo 1. La Cámara de Apelaciones tiene su jurisdicción en todo el distrito del Estado.

Artículo 2. Se compondrá de cuatro individuos, de los cuales el que la preside se nombrará regente, y le corresponderán todas las funciones detalladas a este empleo en su respectivo reglamento.

Artículo 3. Entre los tres vocales restantes se distribuirán los demás juzgados, según lo dispuesto por las leyes que hasta ahora se han observado.

Artículo 4. Aunque al regente corresponda la decisión de competencias entre justicias inferiores, si las autoridades superiores tuvieren alguna duda sobre sus respectivas facultades, se deslindará ésta por el Supremo Poder Judiciario con audiencia de su fiscal.

Artículo 5. La Cámara tendrá dos fiscales, uno para lo civil y otro para lo criminal, y éste desempeñará la Fiscalía del Supremo Tribunal Judiciario, conforme a lo dispuesto en el artículo 1, Capítulo II, de este Título.

Artículo 6. Habrá un agente fiscal, que lo sea en lo civil y criminal para las justicias ordinarias; sirviendo los fiscales por sí mismos en el Despacho de la Intendencia y tribunales superiores.

Artículo 7. El nombramiento de estos empleos vacantes, en lo sucesivo, corresponde al director, y se hará a propuesta de la Cámara en los mismos términos y bajo las reglas establecidas en el artículo 4 del capítulo precedente.

Artículo 8. La duración de estos empleos será la misma que en el Tribunal Judiciario, y de consiguiente el goce del montepío correspondiente a sus familias.

Artículo 9. El sueldo del regente, vocales y agentes fiscales, será el que designe el Director Supremo.

Artículo 10. Tendrá la Cámara dos relatores, y su dotación será la que designe el Supremo Director, y no se exigirán derechos a los litigantes por las relaciones.

Artículo 11. Cada relator tendrá un escribiente dotado. Tendrán preferencia a este empleo los practicantes, y les servirá de abono y méritos para recibirse de abogados.

Artículo 12. Habrá dos escribanos de Cámara en los mismos términos que hasta ahora, quienes no pagarán por estos oficios pensión alguna, ni exigirán a las partes otros derechos que los de su actuación por arancel y las tiras de lo que ante ellos se actuare.

Artículo 13. Habrá un portero dotado, sin que exija derechos algunos a los litigantes, ni de los permitidos hasta lo presente.

Artículo 14. Habrá seis procuradores de número, seis escribanos públicos, y otros tantos receptores; y los archivos se distribuirán entre aquéllos proporcionalmente, y se arreglarán los aranceles por el vocal menos antiguo de la Cámara, a quien del propio modo corresponde la visita anual de estos oficios, cuyo cumplimiento se encarga a los Tribunales de Justicia.

Artículo 15. La Cámara conocerá, como hasta aquí, de todo juicio entre partes, aunque sea gubernativo, siempre que se haga contencioso, arreglándose en todo a lo dispuesto por el derecho común y leyes que actualmente rigen, ínterin se establece un nuevo código.

Artículo 16. Conocerá en los recursos de fuerza como lo hacen las audiencias, y despachará los votos consultivos del Gobierno.

Artículo 17. Queda abolido el juzgado de provincia, que turnaba entre los camaristas; y en los juicios civiles de menor cuantía no habrá apelación de las providencias.

Artículo 18. En los pleitos de menor cantidad de unos mil pesos, dos sentencias conformes de grado en grado, se ejecutarán sin recurso.

Artículo 19. Las sentencias de jueces ordinarios inferiores, en causas criminales, que sean de muerte o aflictivas, no podrán ejecutarse sin aprobación de la Cámara.

Artículo 20. Ningún ciudadano podrá ser preso sin precedente semiplena probanza de su delito, y antes de ocho días debe hacérsele saber la causa de su prisión, tomársele su confesión y ponerse comunicado si no es que lo embarace alguna justa causa; y en este caso debe ponerse en su noticia este motivo.

Artículo 21. No deberá esta inmunidad tener lugar cuando haya algún peligro inminente de la patria.

Artículo 22. Ningún ciudadano ha de ser asegurado con prisiones, si no se recela su fuga.

Artículo 23. Tampoco podrán embargársele más bienes que los precisos para responder por el delito, y si fuere de calidad, que exija alguna pena pecuniaria.

Artículo 24. Se formarán como hasta aquí se ha observado las causas criminales; a excepción que no se recibirá juramento a los reos para sus confesiones y cargos, careos ni otras diligencias que tengan tendencia a indagar de ellos mismos sus delitos; y la pena infame aplicada a un delincuente, no será trascendental a su familia o descendencia.

Artículo 25. Deberá establecerse un juzgado de paz, y en el ínterin lo será todo juez de primera instancia, que antes de darle curso, llamará a las partes y tratará de reducirlas a una transacción o compromiso extrajudicial; y poniéndose constancia de no haber tenido efecto esta diligencia, solo correrá la demanda.

Artículo 26. Todo decreto que se notifique a las partes, se suscribirá por ellas mismas, a excepción de los que se publicaren en los tribunales superiores.

Advertencia

Esta Constitución provisoria se sancionará por todos los Cabildos del Estado, las autoridades, corporaciones, jefes y cuerpos militares, y se jurará en la forma siguiente: Juro por Dios Nuestro Señor, y estos Santos Evangelios, que cumpliré y observaré fiel y legalmente en la parte que me toca, todo cuanto se contiene y ordena en esta Constitución provisoria. Si así lo hiciere, Dios me ayude, y si no, Él y la patria me hagan cargo.

Esto mismo se practicará en todas las ciudades y villas del Estado; para cuyo efecto se mandará imprimir y archivar en todos los cabildos, oficinas y departamentos; y se remitirá a los pueblos y parroquias un número de ejemplares, para que llegue a noticia de todos.

Pero si el Supremo Director hallase otro medio por donde mejor pueda explicarse la voluntad general de los pueblos, para modificar, alterar o probar esta Constitución provisoria, podrá practicarlo así, conforme a los principios liberales que deben animarle.

Santiago de Chile y 8 de agosto de 1818 — José Ignacio Cienfuegos — Francisco Antonio Pérez — Lorenzo José de Villalón — José María de Rozas — José María Villarreal

Libros a la carta

A la carta es un servicio especializado para
empresas,
librerías,
bibliotecas,
editoriales
y centros de enseñanza;
y permite confeccionar libros que, por su formato y concepción, sirven a los propósitos más específicos de estas instituciones.

Las empresas nos encargan ediciones personalizadas para marketing editorial o para regalos institucionales. Y los interesados solicitan, a título personal, ediciones antiguas, o no disponibles en el mercado; y las acompañan con notas y comentarios críticos.

Las ediciones tienen como apoyo un libro de estilo con todo tipo de referencias sobre los criterios de tratamiento tipográfico aplicados a nuestros libros que puede ser consultado en Linkgua-ediciones.com.

Linkgua edita por encargo diferentes versiones de una misma obra con distintos tratamientos ortotipográficos (actualizaciones de carácter divulgativo de un clásico, o versiones estrictamente fieles a la edición original de referencia).

Este servicio de ediciones a la carta le permitirá, si usted se dedica a la enseñanza, tener una forma de hacer pública su interpretación de un texto y, sobre una versión digitalizada «base», usted podrá introducir interpretaciones del texto fuente. Es un tópico que los profesores denuncien en clase los desmanes de una edición, o vayan comentando errores de interpretación de un texto y esta es una solución útil a esa necesidad del mundo académico.

Asimismo publicamos de manera sistemática, en un mismo catálogo, tesis doctorales y actas de congresos académicos, que son distribuidas a través de nuestra Web.

El servicio de «libros a la carta» funciona de dos formas.

1. Tenemos un fondo de libros digitalizados que usted puede personalizar en tiradas de al menos cinco ejemplares. Estas personalizaciones pueden ser de todo tipo: añadir notas de clase para uso de un grupo de estudiantes, introducir logos corporativos para uso con fines de marketing empresarial, etc. etc.

2. Buscamos libros descatalogados de otras editoriales y los reeditamos en tiradas cortas a petición de un cliente.